LEY GENERAL PA SANCIONAR LOS DELITOS EN MATERIA DE SECUESTRO, REGLAMENTARIA DE LA FRACCIÓN XXI DEL ARTÍCULO 73 DE LA CONSTITUCIÓN POLÍTICA DE LOS ESTADOS UNIDOS MEXICANOS

REFORMADA EL 20 DE MAYO DE 2021

CONGRESO DE LA UNIÓN

PARACELSO

Congreso de la Unión

    Ley General para Prevenir y Sancionar los Delitos en Materia de Secuestro, Reglamentaria de la Fracción XXI del Artículo 73 de la Constitución Política de los Estados Unidos Mexicanos. México: Paracelso, 2021.

    15.24 × 22.86 cm – (Acervos Jurídicos)

Contacto editorial.paracelso@gmail.com

EDICIÓN GLOBAL

Tabla de contenido

Mexicanos, la Ley General para Prevenir, Sancionar y Erradicar los Delitos en Materia de Trata de Personas y para la Protección y Asistencia a las Víctimas de estos Delitos, la Ley General en Materia de Delitos Electorales, la Ley General del Sistema de Medios de Impugnación en Materia Electoral, la Ley General de Educación, la Ley General del Servicio Profesional Docente, la Ley General de la Infraestructura Física Educativa, la Ley General de Bibliotecas, la Ley General de Contabilidad Gubernamental, la Ley General del Equilibrio Ecológico y la Protección al Ambiente, la Ley General de Desarrollo Forestal Sustentable, la Ley General de Vida Silvestre, la Ley General para la Prevención y Gestión Integral de los Residuos, la Ley General de Cambio Climático, la Ley General de Pesca y Acuacultura Sustentables, la Ley General de Bienes Nacionales, la Ley General de Protección Civil, la Ley General de Cultura Física y Deporte, la Ley General de Sociedades Cooperativas, la Ley Federal sobre Monumentos y Zonas Arqueológicos, Artísticos e Históricos, la Ley de Fomento para la Lectura y el Libro, y la Ley Federal de Archivos, en Materia de Reconocimiento de la Ciudad de México como entidad federativa, sustitución del nombre de Distrito Federal y definición, en su caso, de las facultades concurrentes para las demarcaciones territoriales.

LEY GENERAL PARA PREVENIR Y SANCIONAR LOS DELITOS EN MATERIA DE SECUESTRO, REGLAMENTARIA DE LA FRACCIÓN XXI DEL ARTÍCULO 73 DE LA CONSTITUCIÓN POLÍTICA DE LOS ESTADOS UNIDOS MEXICANOS

Nueva Ley publicada en el *Diario Oficial de la Federación* el 30 de noviembre de 2010

TEXTO VIGENTE

Última reforma publicada *Diario Oficial de la Federación* 20 de mayo de 2021

Al margen un sello con el Escudo Nacional, que dice: Estados Unidos Mexicanos.- Presidencia de la República.

FELIPE DE JESÚS CALDERÓN HINOJOSA, Presidente de los Estados Unidos Mexicanos, a sus habitantes sabed:

Que el Honorable Congreso de la Unión, se ha servido dirigirme el siguiente

DECRETO

"EL CONGRESO GENERAL DE LOS ESTADOS UNIDOS MEXICANOS, D E C R E T A:

SE EXPIDE LA LEY GENERAL PARA PREVENIR Y SANCIONAR LOS DELITOS EN MATERIA DE SECUESTRO, REGLAMENTARIA DE LA FRACCIÓN XXI DEL ARTÍCULO 73 DE LA CONSTITUCIÓN POLÍTICA DE LOS ESTADOS UNIDOS MEXICANOS; Y SE REFORMAN, ADICIONAN Y DEROGAN DIVERSAS DISPOSICIONES DEL CÓDIGO FEDERAL DE PROCEDIMIENTOS PENALES, DEL CÓDIGO PENAL FEDERAL, DE LA LEY FEDERAL CONTRA LA DELINCUENCIA ORGANIZADA, DE LA LEY ORGÁNICA DEL PODER JUDICIAL DE LA FEDERACIÓN, DE LA LEY DE LA POLICÍA FEDERAL, DE LA LEY FEDERAL DE TELECOMUNICACIONES Y DE LA LEY GENERAL DEL SISTEMA NACIONAL DE SEGURIDAD PÚBLICA

ARTÍCULO PRIMERO. Se expide la Ley General para Prevenir y Sancionar los Delitos en Materia de Secuestro, Reglamentaria de la fracción XXI del artículo 73 de la Constitución Política de los Estados Unidos Mexicanos, para quedar como sigue:

LEY GENERAL PARA PREVENIR Y SANCIONAR LOS DELITOS EN MATERIA DE SECUESTRO, REGLAMENTARIA DE LA FRACCIÓN XXI DEL ARTÍCULO 73 DE LA CONSTITUCIÓN POLÍTICA DE LOS ESTADOS UNIDOS MEXICANOS

Capítulo I. Disposiciones Generales

Artículo 1. La presente Ley es reglamentaria del párrafo primero de la fracción XXI del artículo 73 de la Constitución Política de los Estados Unidos Mexicanos en materia de secuestro. Es de orden público y de observancia general en toda la República y tiene por objeto establecer los tipos penales, sus sanciones, las medidas de protección, atención y asistencia a ofendidos y víctimas, la distribución de competencias y formas de coordinación entre los órdenes de gobierno. Para ello la Federación y las Entidades Federativas, en el ámbito de sus competencias, estarán obligadas a coordinarse en el cumplimiento del objeto de esta Ley.

Reforma Diario Oficial de la Federación 17-06-2016: Derogó del artículo el entonces párrafo segundo

Artículo 2. Esta Ley establece los tipos penales y punibilidades en materia de secuestro. Para la investigación, persecución y sanción de los delitos previstos en la presente ley se aplicará en lo conducente el Código Penal Federal, el Código Nacional de Procedimientos Penales, la Ley Federal Contra la Delincuencia Organizada y la Ley General de Víctimas.

Párrafo reformado Diario Oficial de la Federación 17-06-2016

Los imputados por la comisión de alguno de los delitos señalados en los artículos 9, 10, 11, 17 y 18 de esta Ley, durante el proceso penal estarán sujetos a prisión preventiva oficiosa.

Párrafo adicionado Diario Oficial de la Federación 27-02-2011. Reformado Diario Oficial de la Federación 17-06-2016

Reforma Diario Oficial de la Federación 17-06-2016: Derogó del artículo el entonces párrafo segundo

Artículo 3. El Ministerio Público, en todos los casos, en esta materia procederá de oficio.

Artículo 4. Para los efectos de esta Ley se entenderá por:

I. Consejo Nacional: Consejo Nacional de Seguridad Pública.

II. Instituciones de Seguridad Pública: A las instituciones policiales, de procuración de justicia, del sistema penitenciario y dependencias encargadas de la seguridad pública a nivel federal, local y municipios.

III. Ley: Ley General para Prevenir y Sancionar los Delitos en Materia de Secuestro, Reglamentaria de la fracción XXI, del artículo 73 de la Constitución Política de los Estados Unidos Mexicanos.

IV. Secretario Ejecutivo: El Titular del Secretariado Ejecutivo del Sistema Nacional de Seguridad Pública.

V. Sistema: Sistema Nacional de Seguridad Pública.

VI. Fondo: Fondo de Apoyo para las Víctimas y Ofendidos;

VII. Programa Nacional: Programa Nacional para la prevención, persecución y sanción del delito de secuestro.

VIII. Víctima u ofendido: para los efectos de esta ley se atenderá a lo previsto en el Código Nacional de Procedimientos Penales.

Fracción reformada Diario Oficial de la Federación 17-06-2016

IX. Se deroga.

Fracción derogada Diario Oficial de la Federación 17-06-2016

X. Código Nacional: Código Nacional de Procedimientos Penales.

Fracción adicionada Diario Oficial de la Federación 17-06-2016

Artículo 5. El ejercicio de la acción penal y la ejecución de las sanciones por el delito de secuestro, son imprescriptibles.

Artículo 6. En el caso del delito de secuestro no procederá el archivo temporal de la investigación, aun cuando de las diligencias practicadas no resulten elementos suficientes para el ejercicio de la acción penal y no aparece que se puedan practicar otras. La policía, bajo la conducción y mando del Ministerio Público, estará obligada en todo momento a realizar las investigaciones tendientes a lograr el esclarecimiento de los hechos.

Artículo reformado Diario Oficial de la Federación 17-06-2016

Artículo 7. Sólo podrá suspenderse el proceso penal iniciado por el delito de secuestro o delitos por hechos conexos o derivados del mismo, en los casos aplicables a que se refiere el Código Nacional o cuando sea puesto a disposición de otro juez que lo reclame en el extranjero.

El imputado por delito de secuestro podrá optar por el procedimiento abreviado en términos del Código Nacional de Procedimientos Penales.

Artículo reformado Diario Oficial de la Federación 17-06-2016

Artículo 8. En todos los casos, la sentencia condenatoria que se dicte por los delitos contemplados en esta Ley, deberá contemplar la reparación del daño a las víctimas, cuyo monto fijará el juez de la causa con los elementos que las partes le aporten o aquellos que considere procedentes a su juicio, en términos de la ley.

Capítulo II. De los Delitos en Materia de Secuestro

Artículo 9. Al que prive de la libertad a otro se le aplicarán:

I. De cuarenta a ochenta años de prisión y de mil a cuatro mil días multa, si la privación de la libertad se efectúa con el propósito de:

Párrafo reformado Diario Oficial de la Federación 03-06-2014

a) Obtener, para sí o para un tercero, rescate o cualquier beneficio;

b) Detener en calidad de rehén a una persona y amenazar con privarla de la vida o con causarle daño, para obligar a sus familiares o a un particular a que realice o deje de realizar un acto cualquiera;

c) Causar daño o perjuicio a la persona privada de la libertad o a terceros; o

d) Cometer secuestro exprés, desde el momento mismo de su realización, entendiéndose por éste, el que, para ejecutar los delitos de robo o extorsión, prive de la libertad a otro. Lo anterior, con independencia de las demás sanciones que conforme a esta Ley le correspondan por otros delitos que de su conducta resulten.

Artículo 10. Las penas a que se refiere el artículo 9 de la presente Ley, se agravarán:

I. De cincuenta a noventa años de prisión y de cuatro mil a ocho mil días multa, si en la privación de la libertad concurre alguna o algunas de las circunstancias siguientes:

Párrafo reformado Diario Oficial de la Federación 03-06-2014

a) Que se realice en camino público o en lugar desprotegido o solitario;

b) Que quienes la lleven a cabo obren en grupo de dos o más personas;

c) Que se realice con violencia;

d) Que para privar a una persona de su libertad se allane el inmueble en el que ésta se encuentra;

e) Que la víctima sea menor de dieciocho años o mayor de sesenta años de edad, o que por cualquier otra circunstancia no tenga capacidad para comprender el significado del hecho o capacidad para resistirlo;

f) Que la víctima sea una mujer en estado de gravidez;

II. De cincuenta a cien años de prisión y de ocho mil a dieciséis mil días multa, si en la privación de la libertad concurren cualquiera de las circunstancias siguientes:

Párrafo reformado Diario Oficial de la Federación 03-06-2014

a) Que el o los autores sean o hayan sido integrantes de alguna institución de seguridad pública, de procuración o administración de justicia, o de las Fuerzas Armadas Mexicanas, o se ostenten como tales sin serlo;

b) Que el o los autores tengan vínculos de parentesco, amistad, gratitud, confianza o relación laboral con la víctima o persona relacionada con ésta;

c) Que durante su cautiverio se cause a la víctima alguna lesión de las previstas en los artículos 291 a 293 del Código Penal Federal;

d) Que en contra de la víctima se hayan ejercido actos de tortura o violencia sexual;

e) Que durante o después de su cautiverio, la víctima muera debido a cualquier alteración de su salud que sea consecuencia de la privación de la libertad, o por enfermedad previa que no hubiere sido atendida en forma adecuada por los autores o partícipes del delito.

Las sanciones señaladas en el presente artículo se impondrán, sin perjuicio o con independencia de las que correspondan por otros delitos que de las conductas a las que se aplican resulten.

Artículo 11. Si la víctima de los delitos previstos en la presente Ley es privada de la vida por los autores o partícipes de los mismos, se impondrá a estos una pena de ochenta a ciento cuarenta años de prisión y de doce mil a veinticuatro mil días multa.

Artículo reformado Diario Oficial de la Federación 03-06-2014

Artículo 12.- Si espontáneamente se libera a la víctima del secuestro dentro de los tres días siguientes al de la privación de la libertad, sin lograr alguno de los propósitos a que se refiere el artículo 9 de esta Ley y sin que se haya presentado alguna de las circunstancias agravantes del delito, la pena será de cuatro a doce años de prisión y de cien a trescientos días multa.

Párrafo reformado Diario Oficial de la Federación 27-02-2011, 03-06-2014

La misma pena se aplicará a aquél que habiendo participado en la planeación de alguna de las conductas a que hace referencia el presente Capítulo, dé noticia de ese hecho a la autoridad y la víctima sea rescatada con vida.

La pena señalada en el párrafo primero de este artículo se aplicará a aquél que habiendo participado en la comisión de alguna de las conductas a que hace referencia el presente Capítulo, dé noticia de ese hecho a la autoridad para evitar que se cometa el delito y proporcione datos fehacientes o suficientes elementos de convicción contra los demás participantes del hecho o, ya cometido, antes de que se libere a la víctima, proporcione, los datos o elementos referidos, además dé información eficaz para liberar o localizar a la víctima.

No obstante lo anterior, si a la víctima se le hubiere causado alguna lesión de las previstas en los artículos 291 a 293 del Código Penal Federal, la pena será de dieciocho a treinta y dos años de prisión y de seiscientos a mil días multa, así como la colocación de los dispositivos de localización y vigilancia por la autoridad policial hasta por los cinco años posteriores a su liberación.

Párrafo reformado Diario Oficial de la Federación 27-02-2011, 03-06-2014

En caso de que espontáneamente se libere al secuestrado dentro de los primeros diez días, sin lograr alguno de los propósitos a que se refiere el artículo 9 de la presente Ley, y sin que se haya presentado alguna de las circunstancias agravantes del delito, la pena de prisión aplicable será de dieciséis a treinta años y de quinientos hasta mil días multa.

Párrafo reformado Diario Oficial de la Federación 03-06-2014

Artículo 13. Se impondrá pena de doscientas a setecientas jornadas de trabajo a favor de la comunidad, al que simule por sí o por interpósita persona, la privación de su libertad con alguno de los propósitos señalados en el artículo 9 dc la presente Ley.

Artículo reformado Diario Oficial de la Federación 03-06-2014

Artículo 14. Se impondrán de cuatro a dieciséis años de prisión al que simule la privación de la libertad de una persona, con la intención de conseguir alguno de los propósitos señalados en el artículo 9 de esta Ley.

Párrafo reformado Diario Oficial de la Federación 03-06-2014

La misma pena se impondrá al que amenace de cualquier modo a una persona con privarla de la libertad o con privar de la libertad a algún miembro de su familia o con quien esté ligada por algún vínculo, con alguno de los propósitos señalados en el artículo 9 de la presente Ley.

Artículo 15. Se aplicará pena de cuatro a dieciséis años de prisión y de mil cuatrocientos a tres mil días multa, al que:

Párrafo reformado Diario Oficial de la Federación 03-06-2014

I. Después de la ejecución de cualquiera de las conductas previstas en los artículos 9 y 10 de la presente Ley, y sin haber participado en cualquiera de ellas, adquiera o reciba el producto de las mismas a sabiendas de esta circunstancia;

II. Preste auxilio o cooperación al autor de cualquiera de las conductas previstas en los artículos 9 y 10 de esta Ley, con conocimiento de esta circunstancia, por acuerdo posterior a la liberación de la víctima;

III. Oculte o favorezca el ocultamiento del responsable de ejecutar cualquiera de las conductas previstas en los artículos 9 y 10 de esta Ley, con conocimiento de esta circunstancia, así como los efectos, objetos o instrumentos del mismo o impida que se averigüe;

IV. Altere, modifique o destruya ilícitamente el lugar, indicios, evidencias, objetos, instrumentos o productos del hecho delictivo, o

Fracción reformada Diario Oficial de la Federación 17-06-2016

V. Desvíe u obstaculice la investigación de cualquiera de las conductas previstas en los artículos 9 y 10 de esta Ley, o favorezca que el imputado se sustraiga a la acción de la justicia.

Fracción reformada Diario Oficial de la Federación 17-06-2016

No se aplicará la pena prevista en este artículo en el caso de la fracción III, en lo referente al ocultamiento del infractor, cuando se trate de:

a) Los ascendientes o descendientes consanguíneos o afines directos, o

Inciso reformado Diario Oficial de la Federación 17-06-2016

b) El cónyuge, la concubina, el concubinario y parientes colaterales por consanguinidad hasta el segundo grado.

Artículo 16. Se aplicará pena de cuatro a dieciséis años de prisión y de cuatrocientos a dos mil días multa, al servidor público que:

Párrafo reformado Diario Oficial de la Federación 03-06-2014

I. Divulgue, sin motivo fundado, información reservada o confidencial, relacionada con las conductas sancionadas por esta Ley, salvo que se refiera a la información o imágenes obtenidas en una intervención de comunicación privada, en este caso se aplicará lo dispuesto por el Código Penal Federal, o

II. Revele, sin motivo fundado, técnicas aplicadas a la investigación o persecución de las conductas previstas en la presente Ley.

Si el sujeto es o hubiere sido integrante de una institución de seguridad pública, de procuración o de administración de justicia, de los centros penitenciarios, la pena será de cuatro años seis meses a trece años de prisión, así como también, la multa y el tiempo de colocación de dispositivos de localización y vigilancia se incrementarán desde un tercio hasta dos terceras partes.

Párrafo reformado Diario Oficial de la Federación 17-06-2016

Artículo 17. Se aplicará pena de nueve años a veintiséis años de prisión y de cuatrocientos a dos mil días de multa al servidor público que, teniendo atribuciones en materia de prevención, investigación, procuración o impartición de justicia o de vigilancia y custodia en los centros de privación de la libertad o penitenciaria, se abstenga de denunciar ante el Ministerio Público o, en caso de urgencia, ante la policía, la comisión de cualquiera de los delitos previstos en esta Ley, o de hacer saber de inmediato al Ministerio Público información, evidencias o cualquier otro dato relacionado, directa o indirectamente, con la preparación o comisión de las conductas previstas en esta Ley.

Artículo reformado Diario Oficial de la Federación 03-06-2014

Artículo 18. A todo sentenciado por cualquiera de los delitos previstos en esta Ley que sea o hubiere sido servidor público de cualquiera de las instituciones policiales, de procuración de justicia, del sistema penitenciario y dependencias encargadas de la seguridad pública, se le aplicará como parte de la pena la inhabilitación para ocupar un empleo, cargo o comisión en el servicio público federal, local o municipal, desde un plazo igual al de la pena de prisión que se le imponga por el delito en que incurrió hasta la inhabilitación definitiva.

Cualquier otro servidor público quedará inhabilitado para ocupar un empleo, cargo o comisión en el servicio público federal, local o municipal hasta por un plazo igual al de la pena de prisión que se imponga. Dicha inhabilitación correrá a partir de que concluya la pena de prisión.

Artículo 19. Los sentenciados por los delitos a que se refiere la presente Ley no tendrán derecho a los beneficios de la libertad preparatoria, sustitución, conmutación de la pena o cualquier otro que implique reducción de la condena.

Quienes colaboren proporcionando datos fehacientes o suficientes elementos de convicción a la autoridad en la investigación y persecución de otros miembros de la delincuencia organizada o de bandas de personas dedicadas a la comisión de delitos en materia de secuestros y para la localización y liberación de las víctimas conforme al Código Penal Federal y la legislación aplicable en materia de ejecución de sanciones, tendrán derecho a los beneficios citados en el primer párrafo del presente artículo, siempre que concurran todas las condiciones que a continuación se enuncian:

Párrafo reformado Diario Oficial de la Federación 17-06-2016

I. Respecto de los delitos sancionados con una pena que no exceda de cuatro años de prisión;

II. El sentenciado acepte voluntariamente la colocación de un dispositivo de localización por el tiempo que falte cumplir la pena de prisión y pague el costo de su operación y mantenimiento;

III. El sentenciado sea primodelincuente;

IV. En su caso, cubra la totalidad de la reparación del daño o de manera proporcional, cuando haya sido condenado en forma solidaria y mancomunada y sea determinada dicha reparación;

V. Cuente con una persona conocida que se comprometa y garantice a la autoridad judicial el cumplimiento de las obligaciones contraídas por el sentenciado;

Fracción reformada Diario Oficial de la Federación 17-06-2016

VI. Compruebe fehacientemente contar con un oficio, arte o profesión o exhiba las constancias adecuadas que acrediten que continuará estudiando;

VII. Cuente con fiador, y

VIII. Se obligue a no molestar a la víctima y a los testigos que depusieron en su contra, así como a sus parientes o personas vinculadas a éstos.

Artículo 20.- La autoridad judicial podrá ordenar que las personas que hayan sido condenadas por conductas previstas en el presente ordenamiento queden sujetas a vigilancia por la autoridad policial hasta por los cinco años posteriores a su liberación.

Párrafo reformado Diario Oficial de la Federación 17-06-2016

Reforma Diario Oficial de la Federación 17-06-2016: Derogó del artículo el entonces párrafo segundo

Capítulo III. De la Prevención y Coordinación

Artículo 21. Las instituciones de seguridad pública de los tres órdenes de gobierno se coordinarán a través del Centro Nacional de Prevención y Participación Ciudadana del Secretariado Ejecutivo del Sistema Nacional de Seguridad Pública para:

I. Realizar estudios sobre las causas estructurales, distribución geodelictiva, estadísticas, tendencias históricas y patrones de comportamiento que permitan actualizar y perfeccionar la investigación para la prevención de los delitos sancionados en esta Ley;

II. Obtener, procesar e interpretar la información geodelictiva por medio del análisis de los factores que generan las conductas antisociales previstas en esta Ley con la finalidad de identificar las zonas, sectores y grupos de alto riesgo, así como sus correlativos factores de protección;

III. Suministrar e intercambiar la información obtenida mediante los sistemas e instrumentos tecnológicos respectivos;

IV. Llevar a cabo campañas orientadas a prevenir y evitar los factores y causas que originan el fenómeno delictivo sancionado en esta Ley, así como difundir su contenido;

V. Establecer relaciones de colaboración con las autoridades competentes, así como con las organizaciones sociales privadas con el objetivo de orientar a la sociedad en las medidas que debe adoptar para prevenir los delitos establecidos en esta Ley;

VI. Establecer y, en su caso, conforme a la legislación correspondiente, colaborar con el registro e identificación ante los órganos de seguridad pública, de escoltas privadas o personales que no pertenezcan a ninguna empresa privada de seguridad, y

VII. Observar las demás obligaciones establecidas en otros ordenamientos.

Artículo 22. La Federación, las entidades federativas, los municipios y los órganos políticos administrativos de las demarcaciones territoriales de la Ciudad de México, estarán obligados a remitir al Centro Nacional de Prevención del Delito y Participación Ciudadana, conforme a los acuerdos que se generen en el marco del Sistema Nacional de Seguridad Pública, su programa de prevención de delitos a que se refiere esta Ley. Además, deberán mantener actualizado un registro con información en materia de secuestros en su demarcación.

Capítulo IV. Ámbito de Aplicación

Artículo 23. Los delitos previstos en esta Ley se prevendrán, investigarán, perseguirán y sancionarán por la Federación cuando se trate de los casos previstos en la Ley Federal Contra la Delincuencia Organizada y cuando se apliquen las reglas de competencia previstas en la Ley Orgánica del Poder Judicial de la Federación y del Código Nacional; o cuando el Ministerio Público de la Federación solicite a la autoridad competente de la entidad federativa le remita la investigación correspondiente, atendiendo a las características propias del hecho, así como a las circunstancias de ejecución o a la relevancia social del mismo.

Párrafo reformado Diario Oficial de la Federación 17-06-2016

En los casos no contemplados en el párrafo anterior, serán competentes las autoridades del fuero común.

Si de las diligencias practicadas en la investigación de un delito se desprende la comisión de alguno de los contemplados en esta Ley, el Ministerio Público del fuero común deberá, remitir al Ministerio Público de la Federación los registros de investigación correspondientes.

Párrafo reformado Diario Oficial de la Federación 17-06-2016

Si de las diligencias practicadas en la investigación de los delitos contemplados en esta Ley se desprende la comisión de alguno diferente del fuero común, el Ministerio Público de la Federación deberá, remitir al Ministerio Público del fuero local los registros de investigación correspondientes.

Párrafo reformado Diario Oficial de la Federación 17-06-2016

Reforma Diario Oficial de la Federación 17-06-2016: Derogó del artículo el entonces párrafo quinto

Capítulo V. Intervención y Aportación Voluntaria de Comunicaciones

Artículo 24. Para la intervención y aportación voluntaria de comunicaciones privadas, se estará a lo dispuesto en el Código Nacional.

Párrafo reformado Diario Oficial de la Federación 17-06-2016

Reforma Diario Oficial de la Federación 17-06-2016: Derogó del artículo los entonces párrafos segundo a quinto

Capítulo VI. Obligaciones de los Concesionarios de Redes Públicas de Telecomunicaciones

Artículo 25. Los concesionarios de telecomunicaciones, los autorizados o proveedores de servicios de aplicaciones y contenidos, de conformidad con las disposiciones aplicables, tratándose de la investigación de los delitos previstos en esta Ley, están obligados a atender todo mandamiento por escrito, fundado y motivado, en los términos que establezca el Código Nacional de Procedimientos Penales y la legislación aplicable.

Párrafo reformado Diario Oficial de la Federación 17-06-2016

I. Se deroga.

Fracción derogada Diario Oficial de la Federación 17-06-2016

II. Se deroga.

Fracción derogada Diario Oficial de la Federación 17-06-2016

III. Se deroga.

Fracción derogada Diario Oficial de la Federación 17-06-2016

IV. Se deroga.

Fracción derogada Diario Oficial de la Federación 17-06-2016

Capítulo VII. Protección de Personas

Artículo 26. En el ámbito de sus respectivas competencias, los titulares del Ministerio Público de la Federación y de las entidades federativas expedirán los correspondientes programas para la protección de personas.

El Ministerio Público incorporará a dichos programas a las personas cuya vida o integridad corporal pueda estar en peligro por su intervención en un procedimiento penal seguido por las conductas previstas en la presente Ley.

Párrafo reformado Diario Oficial de la Federación 17-06-2016

Reforma Diario Oficial de la Federación 17-06-2016: Derogó del artículo el entonces párrafo tercero

Artículo 27. La información y la documentación relacionada con las personas protegidas se mantendrán en estricta reserva en términos de las disposiciones aplicables.

Artículo 28. Los programas serán reservados y, en su caso, confidenciales, de conformidad con las disposiciones aplicables; tales programas deberán comprender, además de lo dispuesto en este Capítulo, lo relativo a los requisitos de ingreso, niveles de protección, tiempo de duración de la protección, obligaciones de la persona protegida, causas de revocación y demás características y condiciones necesarias para cumplir eficazmente con dicha protección.

El cumplimiento del Programa Federal de Protección a Personas quedará a cargo de la unidad especializada que determine el Titular del Ministerio Público de la Federación y demás autoridades cuya intervención sea necesaria de conformidad con lo dispuesto en este Capítulo, otras disposiciones aplicables y las disponibilidades presupuestarias.

El cumplimiento de los programas de protección a personas de las entidades federativas quedará a cargo del Titular del Ministerio Público o el servidor público inmediato inferior en quien éste delegue esta responsabilidad, en coordinación con las autoridades cuya intervención sea necesaria de conformidad con lo dispuesto en este Capítulo, otras disposiciones aplicables y las disponibilidades presupuestarias.

Artículo 29. La incorporación al Programa Federal de Protección a Personas, durante el procedimiento penal será autorizada por el Fiscal General de la República o el Servidor Público inmediato inferior en quien éste delegue la facultad.

Párrafo reformado Diario Oficial de la Federación 17-06-2016, 20-05-2021

Para tal efecto, se deberán analizar las condiciones de cada persona, si éstas se encuentran en el supuesto que señala el artículo 26 de esta Ley y si cumplen con los requisitos que señale el programa.

La misma regla aplicará respecto de la incorporación de personas a los programas de protección de personas de las entidades federativas.

El Titular del Ministerio Público o el servidor público que se designe para tal efecto, determinará la duración de ésta, tomando en cuenta, como mínimo:

a) La persistencia del riesgo;

b) La necesidad de la protección;

c) La petición de la persona protegida, y

d) Otras circunstancias que a su criterio justifiquen la medida.

La revocación de la protección deberá ser resuelta por el Ministerio Público previo acuerdo con el Titular de la institución de procuración de justicia que corresponda o el servidor público inmediato inferior en quien éste delegue la facultad. Para lo que se deberá tomar en cuenta, en su caso, además de lo señalado en el párrafo anterior y lo subsecuente:

Párrafo reformado Diario Oficial de la Federación 17-06-2016

I. La extinción de los supuestos que señala el segundo párrafo del artículo 26 de esta Ley;

II. Que el testigo se haya conducido con falta de veracidad;

III. Que haya ejecutado un delito que amerite prisión preventiva oficiosa durante la vigencia de la medida;

Fracción reformada Diario Oficial de la Federación 17-06-2016

IV. Que el protegido no cumpla con las medidas de seguridad correspondientes, o

V. Que el testigo se niegue a declarar.

En tanto se autoriza la incorporación de una persona al Programa, el agente del Ministerio Público responsable de la investigación, con el auxilio de la policía que actúe bajo su conducción y mando, tomará medidas de protección, dadas las características y condiciones personales del sujeto, para salvaguardar su vida e integridad corporal.

Párrafo reformado Diario Oficial de la Federación 17-06-2016

Artículo 30. Los programas establecerán, cuando menos, los requisitos de ingreso, protección física o electrónica para la víctima o testigo; apoyos para solventar sus necesidades personales básicas, cuando por su intervención en el procedimiento penal así se requiera. En casos necesarios, las medidas se podrán extender a familiares o personas cercanas.

Las erogaciones por concepto de otorgamiento de apoyo estarán sujetas a la normativa aplicable y a los presupuestos autorizados de las dependencias que los proporcionen.

Artículo 31. Las Entidades Federativas y la Federación celebrarán convenios de colaboración para establecer los mecanismos para incorporar a los programas a personas que deban ser sujetas de protección.

Capítulo VIII. Apoyos a las Víctimas, Ofendidos y Testigos de Cargo

Artículo 32.- Las víctimas y ofendidos de las conductas previstas en el presente ordenamiento y los testigos en su caso, además de los derechos establecidos en la Constitución Política de los Estados Unidos Mexicanos, el Código Nacional y demás legislación aplicable, tendrán los siguientes derechos:

Párrafo reformado Diario Oficial de la Federación 17-06-2016

I. Estar presentes en el proceso, en sala distinta a la que se encuentre el imputado;

Fracción reformada Diario Oficial de la Federación 17-06-2016

II. Obtener la información que se requiera a las autoridades competentes o correspondientes;

III. Solicitar y recibir asesoría por parte de las autoridades competentes, la cual deberá ser proporcionada por un experto en la materia, quien informará sobre la situación del proceso y procedimientos, así como de los beneficios o apoyos a que se refieren en esta Ley;

IV. Solicitar ante la autoridad judicial competente, las providencias precautorias o medidas cautelares procedentes en términos de la legislación aplicable, para la seguridad y protección de las víctimas u ofendidos y testigos, para la investigación y persecución de los probables responsables del delito y para el aseguramiento de bienes para la reparación del daño;

Fracción reformada Diario Oficial de la Federación 17-06-2016

V. Requerir al juez que al emitir una sentencia condenatoria, en la misma deberá sentenciar a la reparación del daño a favor de la víctima;

VI. Contar con apoyo permanente de un grupo interdisciplinario que las asesore y apoye en sus necesidades;

VII. Rendir testimonio sin ser identificado dentro de la audiencia y, si lo solicitan, hacerlo por medios electrónicos;

Fracción reformada Diario Oficial de la Federación 17-06-2016

VIII. Se deroga.

Fracción derogada Diario Oficial de la Federación 17-06-2016

IX. Estar asistidos por, asesor jurídico, médico y psicólogos durante las diligencias;

Fracción reformada Diario Oficial de la Federación 17-06-2016

X. Obtener copia simple gratuita y de inmediato, de la diligencia en la que intervienen;

XI. Aportar medios de prueba durante la investigación;

Fracción reformada Diario Oficial de la Federación 17-06-2016

XII. Conocer el paradero del autor o partícipes del delito del que fue víctima o testigo;

XIII. Ser notificado previamente de la libertad del autor o autores del delito del que fue víctima o testigo, y ser proveído de la protección correspondiente de proceder la misma, y

XIV. Ser inmediatamente notificado y proveído de la protección correspondiente, en caso de fuga del autor o autores del delito del que fue víctima o testigo.

Artículo 33. Los procesos administrativos o judiciales en los que sea parte la víctima de las conductas previstas en la presente Ley, a partir de la promoción fundada y motivada que realice su representante legal, apoderado o abogado patrono, quedarán suspendidos mientras dure su cautiverio y hasta por tres meses más a juicio razonado de la autoridad respectiva.

Artículo 34. Las víctimas u ofendidos podrán contar con la asistencia gratuita de un asesor jurídico, que será designado por la autoridad competente, en términos de las disposiciones aplicables, con el fin de que le facilite:

Párrafo reformado Diario Oficial de la Federación 17-06-2016

I. La promoción efectiva de sus derechos;

II. La orientación para hacer efectivos sus derechos;

III. La posibilidad efectiva de que puedan reclamar sus derechos mediante el ejercicio de las acciones que prevén las leyes ante los órganos de procuración y administración de justicia, y

IV. La defensa jurídica para obtener las restituciones o reparaciones en el goce de los mismos.

Capítulo IX. Restitución Inmediata de Derechos y Reparación

Artículo 35. El Ministerio Público de la Federación o de las entidades federativas deberán restituir a las víctimas de las conductas previstas en la presente Ley en el goce de sus derechos en cuanto sea posible y solicitará la reparación del daño.

En su caso, la restitución de derechos y la reparación se harán con cargo a los recursos obtenidos en los procedimientos de extinción de dominio, en términos de la legislación correspondiente, sin perjuicio de ejercer las acciones que correspondan en contra del sentenciado.

Dentro de la reparación a las víctimas de las conductas previstas en la presente Ley se incluirán los gastos alimentarios y de transporte y hospedaje a cargo de ésta, con motivo del procedimiento penal.

Capítulo X. Embargo por Valor Equivalente

Artículo 36. En caso de que el producto, los instrumentos u objetos del hecho delictivo hayan desaparecido o no se localicen por causa atribuible al imputado, el Ministerio Publico decretará o solicitará al Órgano jurisdiccional correspondiente el embargo precautorio, el aseguramiento y, en su caso, el decomiso de bienes propiedad del o de los imputados, así como de aquellos respecto de los cuales se conduzcan como dueños, dueños beneficiarios o beneficiarios controladores, cuyo valor equivalga a dicho producto, sin menoscabo de las disposiciones aplicables en materia de extinción de dominio.

Artículo reformado Diario Oficial de la Federación 17-06-2016

Capítulo XI. Del Fondo de Apoyo para las Víctimas y Ofendidos

Artículo 37. El Fondo tiene como objetivo dotar a las autoridades de recursos para apoyar a las víctimas y ofendidos por los delitos previstos en la presente Ley, así como incentivar la denuncia.

El Fondo se orientará prioritariamente a la atención médica y psicológica de las víctimas y protección a menores en desamparo, en los términos que precise el Reglamento.

Artículo 38. El Fondo se integrará de la siguiente manera:

I. Recursos previstos expresamente para dicho fin en el Presupuesto de Egresos de la Federación en el rubro correspondiente a la Fiscalía General de la República;

Fracción reformada Diario Oficial de la Federación 20-05-2021

II. Recursos obtenidos por la enajenación de bienes decomisados en procesos penales federales;

III. Recursos adicionales obtenidos por los bienes que causen abandono;

IV. Recursos producto de los bienes que hayan sido objeto de extinción de dominio y estén relacionados con la comisión del delito de secuestro;

V. Recursos provenientes de las fianzas o garantías que se hagan efectivas cuando los procesados incumplan con las obligaciones impuestas por la autoridad judicial;

VI. Recursos que se produzcan por la administración de valores o los depósitos en dinero, de los recursos derivados del Fondo para la Atención de Víctimas del Secuestro, distintos a los que se refiere la fracción anterior, y

VII. Las donaciones o aportaciones hechas a su favor por terceros, garantizando mecanismos de control y transparencia.

El Fondo a que se refiere este artículo se constituirá en los términos y porcentajes que establezca el Reglamento respectivo.

Artículo 39. La Fiscalía General de la República administrará el Fondo, siguiendo criterios de transparencia, oportunidad, eficiencia y racionalidad que serán plasmados en el Reglamento correspondiente, el cual determinará los criterios de asignación de recursos.

Párrafo reformado Diario Oficial de la Federación 20-05-2021

Los recursos que lo integren serán fiscalizados anualmente por la Auditoría Superior de la Federación.

Capítulo XII. Organización de la Federación y de las Entidades Federativas

Artículo 40. Conforme a lo dispuesto por el artículo 73, fracción XXI de la Constitución Política de los Estados Unidos Mexicanos, la Ley General del Sistema Nacional de Seguridad Pública y las disposiciones de esta Ley, las instituciones de Seguridad Pública de los distintos órdenes de gobierno y las Fiscalías o Procuradurías de Justicia de la Federación, de las entidades federativas, en el ámbito de su competencia y de acuerdo a los lineamientos que establezca el Consejo Nacional de Seguridad Pública, deberán coordinarse para:

Párrafo reformado Diario Oficial de la Federación 19-01-2018, 20-05-2021

I. Cumplir con los objetivos y fines de esta Ley;

II. Diseñar, proponer e impulsar políticas de apoyo, protección y respaldo a las víctimas y sus familiares;

III. Elaborar y realizar políticas de prevención social, de conformidad con las disposiciones establecidas en la presente Ley;

IV. Formular políticas integrales sistemáticas, continuas y evaluables, así como programas y estrategias para el combate de las conductas previstas en la presente Ley;

V. Ejecutar, dar seguimiento y evaluar las políticas, estrategias y acciones contra las conductas previstas en la presente Ley;

VI. Distribuir, a los integrantes del Sistema, actividades específicas para el cumplimiento de los fines de la seguridad pública y prevención, investigación y persecución de las conductas previstas en la presente Ley;

VII. Determinar criterios uniformes para la organización, operación y modernización tecnológica para el combate de las conductas previstas en la presente Ley;

VIII. Realizar acciones y operativos conjuntos de las instituciones policiales y de procuración de justicia para dar cumplimiento a lo previsto en esta Ley;

IX. Crear órganos especializados para el combate de las conductas previstas en la presente Ley, compuestos por diferentes áreas institucionales y que puedan interactuar entre sí, de conformidad con los protocolos que al efecto emita el Consejo Nacional de Seguridad Pública;

X. Regular la participación de la comunidad y de instituciones académicas que coadyuven en los procesos de evaluación de las políticas de prevención de las conductas previstas en la presente Ley, así como de las instituciones de seguridad pública y procuración de justicia, a través del Centro Nacional de Prevención del Delito y Participación Ciudadana;

XI. Realizar, en el ámbito de sus respectivas atribuciones, las demás acciones que sean necesarias para incrementar la eficacia en el cumplimiento de los fines de la seguridad pública y de procuración de justicia de las conductas previstas en la presente Ley;

XII. Rendir informes sobre los resultados obtenidos del Programa Nacional de Procuración de Justicia y del Programa Nacional de Seguridad Pública, y remitirlo a las instancias correspondientes de conformidad con las disposiciones aplicables;

XIII. Promover convenios de colaboración interinstitucional y suscribir acuerdos de coordinación con los gobiernos de las entidades federativas y los municipios con la finalidad de prevenir, perseguir y sancionar las conductas previstas en la presente Ley, en términos de lo establecido en la Ley General del Sistema Nacional de Seguridad Pública;

XIV. Dar seguimiento y evaluación de los resultados que se obtengan por la ejecución de los convenios y acuerdos a que se refiere la fracción anterior. Los convenios y acuerdos deberán ajustarse, en lo conducente, a la Ley General del Sistema Nacional de Seguridad Pública;

XV. Recopilar, con la ayuda del Sistema Nacional de Seguridad Pública y demás instituciones y organismos pertinentes, los datos estadísticos relativos a la incidencia delictiva de las conductas previstas en la presente Ley con la finalidad de publicarlos periódicamente;

XVI. Colaborar en la prevención, persecución y sanción de las conductas previstas en la presente Ley;

XVII. Participar en la formulación de un Programa Nacional para Prevenir, Perseguir y Sancionar las conductas previstas en la presente Ley, el cual deberá incluir, cuando menos, las políticas públicas en materia de prevención, persecución y sanción del delito, así como la protección y atención a ofendidos, víctimas y familiares;

XVIII. Establecer mecanismos de cooperación destinados al intercambio de información y adiestramiento continuo de servidores públicos especializados en secuestro de las Instituciones de Seguridad Pública, cuyos resultados cuentan con la certificación del Centro Nacional de Certificación y Acreditación, y

XIX. Realizar las acciones y gestiones necesarias para restringir de manera permanente todo tipo de comunicación, ya sea transmisión de voz, datos, o imagen en los centros penitenciarios, cualquiera que sea su denominación.

Fracción reformada Diario Oficial de la Federación 17-06-2016

Artículo 41. Las procuradurías o fiscalías deberán crear y operar unidades o fiscalías especializadas para la investigación de las conductas previstas en esta Ley, que contarán con Ministerios Públicos y policías especializados, recursos humanos, financieros y materiales que requieran para su efectiva operación. Estas unidades se integrarán con servicios periciales y técnicos especializados para el ejercicio de su función.

La Fiscalía General de la República y las procuradurías de las entidades federativas capacitarán a su personal en materia de planeación de investigación.

Artículo 42. Para ser integrante y permanecer en las unidades especializadas en la investigación y persecución de los delitos previstos en esta Ley será necesario cumplir con los siguientes requisitos:

I. Tener acreditados los requisitos de ingreso y permanencia de la institución respectiva, de conformidad con la Ley General del Sistema Nacional de Seguridad Pública;

II. Tener el perfil que establezca la Conferencia Nacional de Procuración de Justicia y la Conferencia Nacional de Secretarios de Seguridad Pública, respectivamente;

III. Aprobar los cursos de capacitación y de actualización que establezca la Conferencia Nacional de Procuración de Justicia y la Conferencia Nacional de Secretarios de Seguridad Pública, según corresponda, y

IV. Contar con la opinión favorable del Secretariado Ejecutivo del Sistema Nacional de Seguridad Pública, en los casos concretos que lo requiera la institución en la que preste o pretenda prestar sus servicios.

Para ingresar al servicio en las unidades especializadas, los aspirantes asumirán el compromiso de sujetarse a vigilancia no intrusiva, por la autoridad competente, en cualquier tiempo de su servicio y dentro de los cinco años posteriores a la terminación del servicio y de presentarse a rendir información o a la realización de exámenes de control de confianza cuando sean requeridos, mismos que deberá acreditar para continuar en el servicio.

Artículo 43. Las unidades especiales de investigación tendrán las siguientes facultades:

I. Solicitar que se le brinde atención médica, psicológica y jurídica a las víctimas de las conductas previstas en esta Ley;

II. Decretar las medidas de protección para el resguardo de la vida o integridad de las víctimas o sus familiares, así como solicitar al juez las providencias precautorias para garantizar la reparación del daño;

Fracción reformada Diario Oficial de la Federación 17-06-2016

III. Asesorar a los familiares en las negociaciones para lograr la libertad de las víctimas;

IV. Recibir, por cualquier medio, las denuncias sobre los delitos e iniciar la investigación;

V. Utilizar las técnicas de investigación previstas en esta Ley y en los demás ordenamientos aplicables;

VI. Vigilar, con absoluto respeto a los derechos constitucionales, a las personas respecto de las cuales se tenga indicios de que se encuentran involucradas en los delitos previstos en esta Ley;

VII. Sistematizar la información obtenida para lograr la liberación de las víctimas y la detención de los probables responsables;

VIII. Solicitar a personas físicas o morales la entrega inmediata de información que pueda ser relevante para la investigación del delito o la liberación de las víctimas;

IX. Proponer políticas para la prevención e investigación de las conductas previstas en esta Ley;

X. Proponer al Fiscal General de la República o a los fiscales y procuradores de las entidades federativas, en su caso, la celebración de convenios con las empresas de telecomunicaciones para la obtención de datos adicionales contenidos en la base de datos prevista en la Ley Federal de Telecomunicaciones y sobre el uso de las mismas;

Fracción reformada Diario Oficial de la Federación 20-05-2021

XI. Utilizar cualquier medio de investigación que les permita regresar con vida a la víctima, identificar y ubicar a los presuntos responsables, y cumplir con los fines de la presente Ley, siempre y cuando dichas técnicas de investigación sean legales y con pleno respeto a los derechos humanos, y

XII. Las demás que disponga la Ley.

Capítulo XIII. Auxilio entre Autoridades

Artículo 44. Las autoridades de los distintos órdenes de gobierno deberán prestar el auxilio requerido por la autoridad competente conforme a lo dispuesto por esta Ley y las demás disposiciones aplicables.

Artículo 45. Las autoridades de los gobiernos federal y de las entidades federativas deberán establecer mecanismos de cooperación destinados al intercambio de formación y adiestramiento continuo de agentes del Ministerio Público, policías y peritos especializados en los delitos previstos en esta Ley de las Instituciones de Seguridad Pública, cuyos resultados cuenten con la certificación del Centro Nacional de Certificación y Acreditación.

Capítulo XIV. De la Prisión Preventiva y de la Ejecución de Sentencias

Artículo 46. A los imputados y sentenciados por las conductas previstas por esta Ley, se les podrán aplicar las medidas de vigilancia especiales previstas en la legislación aplicable.

Las entidades federativas conforme a las disposiciones legales o los convenios al efecto celebrados, podrán remitir a los centros penitenciarios, de otros estados o la Ciudad de México a los procesados o sentenciados, para cumplir la determinación judicial.

Las diligencias que deban realizarse por los delitos que contempla esta Ley se llevarán a cabo siempre en las áreas que al efecto existan dentro de los propios centros penitenciarios, sin que pueda justificarse para estos efectos traslado alguno, salvo petición del Titular del Ministerio Público o en quien éste delegue dicha atribución.

Artículo reformado Diario Oficial de la Federación 17-06-2016

Artículo 47. Durante su estancia en los centros penitenciarios, los imputados y sentenciados por las conductas previstas en esta Ley, sólo podrán tener los objetos que les sean entregados por conducto de las autoridades competentes.

Artículo 48. Los imputados o sentenciados por las conductas previstas en esta Ley, que proporcionen datos fehacientes o suficientes elementos de convicción para la detención de los demás participantes, podrán beneficiarse con medidas de protección durante el tiempo y bajo las modalidades que se estime necesario. Además se asegurará que la prisión preventiva y ejecución de sentencia, se llevarán a cabo en establecimientos distintos a aquél en donde compurguen su sentencia los miembros del mismo grupo delictivo.

Artículo reformado Diario Oficial de la Federación 17-06-2016

ARTÍCULOS SEGUNDO A OCTAVO. ....

Artículos Transitorios

Primero. El presente Decreto entrará en vigor a los noventa días de su publicación en el Diario Oficial de la Federación.

Segundo. Los procedimientos penales iniciados antes de la entrada en vigor del presente Decreto en materia de delitos previstos en el mismo se seguirán tramitando hasta su conclusión conforme a las disposiciones vigentes al momento de la comisión de los hechos que les dieron origen. Lo mismo se observará respecto de la ejecución de las penas correspondientes.

Tercero. Se derogan todas las disposiciones legales que se opongan al presente Decreto.

Cuarto. La implementación del presente Decreto será con cargo a los respectivos presupuestos aprobados a las instancias de los tres órdenes de gobierno obligados a cumplir con lo establecido en el presente.

Quinto. Las disposiciones relativas a los delitos de secuestro previstas tanto en el Código Penal Federal como en los Códigos Penales locales vigentes hasta la entrada en vigor el presente Decreto seguirán aplicándose por los hechos realizados durante su vigencia. Asimismo, dichos preceptos seguirán aplicándose a las personas procesadas o sentenciadas por los delitos previstos y sancionados por los mismos artículos.

Sexto. El Procurador General de la República y los Procuradores Generales de Justicia de los Estados y del Distrito Federal, tendrán un año contado a partir de la publicación de este Decreto en el Diario Oficial de la Federación, para expedir las disposiciones administrativas correspondientes en materia de protección de personas en los términos que señala la presente Ley, sin menoscabo de las medidas de protección que otorguen previamente.

Séptimo. El Consejo Nacional de Seguridad Pública y la Conferencia Nacional de Procuración de Justicia, deberán elaborar un Programa Nacional para prevenir, perseguir y sancionar las conductas previstas en el presente ordenamiento, independientemente del programa de cada entidad en particular, teniendo un plazo de seis meses, contados a partir de la publicación de este Decreto en el Diario Oficial de la Federación.

Octavo. La reforma a la fracción XIV del artículo 44 de la Ley Federal de Telecomunicaciones entrará en vigor al día siguiente de la publicación del Decreto respecto de los usuarios de telefonía móvil en cualquiera de sus modalidades adquiridas con anterioridad a la entrada en vigor del presente Decreto y, respecto de los nuevos usuarios de telefonía móvil, en términos del artículo transitorio cuarto del decreto de reformas a dicha ley, publicado en el Diario Oficial de la Federación el 9 de febrero de 2009.

Noveno. El Instituto Federal de Defensoría Pública del Poder Judicial de la Federación, en el ámbito de su competencia, establecerá las áreas especializadas en defensa de víctimas del secuestro, en los términos de lo dispuesto en la ley de la materia.

Décimo. Para el establecimiento y organización de las unidades especializadas contra el secuestro a que se refiere esta Ley, las entidades federativas dispondrán de los recursos del Fondo de Apoyo a la Seguridad Pública que respectivamente hayan recibido.

Décimo Primero. El H. Congreso de la Unión podrá facultar a las víctimas u ofendidos por los delitos previstos en la Ley General para Prevenir y Sancionar los Delitos en Materia de Secuestro, Reglamentaria del artículo 73 fracción XXI de la Constitución Política de los Estados Unidos Mexicanos, para ejercer el derecho respecto al ejercicio de la acción penal ante la autoridad judicial por el delito de secuestro, en la ley de la materia que al efecto se expida.

Décimo Segundo. En un plazo de ciento ochenta días contados a partir de la entrada en vigor de esta Ley se realizarán las adecuaciones necesarias a las disposiciones aplicables para que los recursos que correspondan sean destinados al Fondo a que se refiere el artículo 38 de la Ley General para Prevenir y Sancionar los Delitos en Materia de Secuestro, Reglamentaria de la fracción XXI del artículo 73 de la Constitución Política de los Estados Unidos Mexicanos.

México, D. F., a 7 de octubre de 2010.- Sen. **Manlio Fabio Beltrones Rivera**, Presidente.- Dip. **Jorge Carlos Ramírez Marín**, Presidente.- Sen. **Martha Leticia Sosa Govea**, Secretaria.- Dip. **María de Jesús Aguirre Maldonado**, Secretaria.- Rúbricas. "

En cumplimiento de lo dispuesto por la fracción I del Artículo 89 de la Constitución Política de los Estados Unidos Mexicanos, y para su debida publicación y observancia, expido el presente Decreto en la Residencia del Poder Ejecutivo Federal, en la Ciudad de México, Distrito Federal, a 29 de noviembre de 2010.- **Felipe de Jesús Calderón Hinojosa**.- Rúbrica.- El Secretario de Gobernación, **José Francisco Blake Mora**.- Rúbrica.

Artículos Transitorios de Decretos de Reforma

DECRETO por el que se reforman y adicionan diversas disposiciones de la Ley General para Prevenir y Sancionar los Delitos en Materia de Secuestro, Reglamentaria de la Fracción XXI del Artículo 73 de la Constitución Política de los Estados Unidos Mexicanos.

Publicado en el Diario Oficial de la Federación el 27 de febrero de 2011

Artículo Único.- Se reforma el artículo 12, párrafos primero y cuarto; y se adiciona el párrafo tercero del artículo 2, de la Ley General para Prevenir y Sancionar los Delitos en Materia de Secuestro, Reglamentaria de la Fracción XXI del Artículo 73 de la Constitución Política de los Estados Unidos Mexicanos; para quedar como sigue:

....

TRANSITORIO

Artículo Único.- El presente Decreto entrará en vigor al día siguiente de su publicación en el Diario Oficial de la Federación.

México, D.F., a 24 de febrero de 2011.- Sen. **Manlio Fabio Beltrones Rivera**, Presidente.- Dip. **Jorge Carlos Ramirez Marin**, Presidente.- Sen. **Adrián Rivera Pérez**, Secretario.- Dip. **Maria de Jesus Aguirre Maldonado**, Secretaria.- Rúbricas."

En cumplimiento de lo dispuesto por la fracción I del Artículo 89 de la Constitución Política de los Estados Unidos Mexicanos, y para su debida publicación y observancia, expido el presente Decreto en la Residencia del Poder Ejecutivo Federal, en la Ciudad de México, Distrito Federal, a veinticinco de febrero de dos mil once.- **Felipe de Jesús Calderón Hinojosa**.- Rúbrica.- El Secretario de Gobernación, **José Francisco Blake Mora**.- Rúbrica.

DECRETO por el que se reforman diversos artículos de la Ley General para Prevenir y Sancionar los Delitos en Materia de Secuestro, Reglamentaria de la fracción XXI del artículo 73 de la Constitución Política de los Estados Unidos Mexicanos y se adiciona el artículo 25 del Código Penal Federal.

Publicado en el Diario Oficial de la Federación el 3 de junio de 2014

Artículo Primero.- Se reforman la fracción I del artículo 9; las fracciones I y II del artículo 10; el artículo 11; el primero, cuarto y quinto párrafos del artículo 12; el artículo 13; el primer párrafo del artículo 14; el primer párrafo del artículo 15; el primer párrafo del artículo 16 y el artículo 17, de la Ley General para Prevenir y Sancionar los Delitos en Materia de Secuestro, Reglamentaria de la fracción XXI del artículo 73 de la Constitución Política de los Estados Unidos Mexicanos, para quedar como sigue:

....

Transitorio

Único.- El presente Decreto entrará en vigor al día siguiente de su publicación en el Diario Oficial de la Federación.

México, D.F., a 29 de abril de 2014.- Sen. **Raúl Cervantes Andrade**, Presidente.- Dip. **José González Morfín**, Presidente.- Sen. **Rosa Adriana Díaz Lizama**, Secretaria.- Dip. **Javier Orozco Gómez**, Secretario.- Rúbricas."

En cumplimiento de lo dispuesto por la fracción I del Artículo 89 de la Constitución Política de los Estados Unidos Mexicanos, y para su debida publicación y observancia, expido el presente Decreto en la Residencia del Poder Ejecutivo Federal, en la Ciudad de México, Distrito Federal, a veintiséis de mayo de dos mil catorce.- **Enrique Peña Nieto**.- Rúbrica.- El Secretario de Gobernación, **Miguel Ángel Osorio Chong**.- Rúbrica.

DECRETO por el que se reforman, adicionan y derogan diversas disposiciones del Código Nacional de Procedimientos Penales; del Código Penal Federal; de la Ley General del Sistema Nacional de Seguridad Pública; de la Ley Federal para la Protección a Personas que Intervienen en el Procedimiento Penal; de la Ley General para Prevenir y Sancionar los Delitos en Materia de Secuestro, Reglamentaria de la fracción XXI del Artículo 73 de la Constitución Política de los Estados Unidos Mexicanos, de la Ley de Amparo, Reglamentaria de los artículos 103 y 107 de la Constitución Política de los Estados Unidos Mexicanos, de la Ley Orgánica del Poder Judicial de la Federación, de la Ley Federal de Defensoría Pública, del Código Fiscal de la Federación y de la Ley de Instituciones de Crédito.

Publicado en el Diario Oficial de la Federación el 17 de junio de 2016

Artículo Quinto.- Se **reforman** los artículos 2, primer y tercer párrafos; 4, fracción VIII; 6; 7, primer párrafo; 15, fracciones IV y V del primer párrafo, e inciso a) del segundo párrafo; 16, segundo párrafo; 19, segundo párrafo y fracción V; 23, primer, tercer y cuarto párrafos; 24, primer párrafo; 25, primer párrafo; 26, segundo párrafo; 29, primer, quinto, fracción III y sexto párrafos; 32, primer párrafo, y fracciones I, IV, VII, IX y XI; 34, primer párrafo; 36; 40 fracción XIX; 43, fracción II; 46; 47; 48. Se **adiciona** la fracción X del artículo 4 y un segundo párrafo al artículo 7. Se **derogan** el segundo párrafo del artículo 1; segundo párrafo del artículo 2; la fracción IX del artículo 4; el segundo párrafo del artículo 20; el quinto párrafo del artículo 23; segundo, tercero, cuarto y quintos párrafos del artículo 24; las fracciones I, II, III y IV del artículo 25; tercer párrafo del artículo 26 y fracción VIII del artículo 32, de la Ley General para Prevenir y Sancionar los Delitos en Materia de Secuestro, Reglamentaria de la fracción XXI del Artículo 73 de la Constitución Política de los Estados Unidos Mexicanos, para quedar como sigue:

....

Transitorios

Primero.- El presente Decreto entrará en vigor al día siguiente de su publicación en el Diario Oficial de la Federación salvo lo previsto en el siguiente artículo.

Segundo.- Las reformas al Código Nacional de Procedimientos Penales, al Código Penal Federal, a la Ley General para Prevenir y Sancionar los Delitos en Materia de Secuestro, Reglamentaria de la fracción XXI del artículo 73 de la Constitución Política de los Estados Unidos Mexicanos, los artículos 2, 13, 44 y 49 de la Ley Federal para la Protección a Personas que Intervienen en el Procedimiento Penal y los artículos 21 en su fracción X, 50 Bis y 158 de la Ley Orgánica del Poder Judicial de la Federación, entrarán en vigor en términos de lo previsto por el Artículo Segundo Transitorio del Decreto por el que se expide el Código Nacional de Procedimientos Penales publicado en el Diario Oficial de la Federación el 5 de marzo de 2014.

Los procedimientos que se encuentren en trámite, relacionados con las modificaciones a los preceptos legales contemplados en el presente Decreto, se resolverán de conformidad con las disposiciones que les dieron origen.

Tercero.- Dentro de los 180 días naturales a la entrada en vigor del presente Decreto, la Federación y las entidades federativas en el ámbito de sus respectivas competencias, deberán contar con una Autoridad de Supervisión de Medidas Cautelares y de la Suspensión Condicional del Proceso.

Asimismo, dentro de los 30 días siguientes a la fecha de creación de las autoridades de medidas cautelares y de la suspensión condicional del proceso de la Federación y de las entidades federativas, se deberán emitir los acuerdos y lineamientos que regulen su organización y funcionamiento.

Cuarto.- Las disposiciones del presente Decreto relativas a la ejecución penal, entrarán en vigor una vez que entre en vigor la legislación en la materia prevista en el artículo 73, fracción XXI, inciso c) de la Constitución Política de los Estados Unidos Mexicanos.

Quinto.- Tratándose de aquellas medidas privativas de la libertad personal o de prisión preventiva que hubieren sido decretadas por mandamiento de autoridad judicial durante los procedimientos iniciados con base en la legislación procesal penal vigente con anterioridad a la entrada en vigor del sistema de justicia penal acusatorio adversarial, el inculpado o imputado podrá solicitar al órgano jurisdiccional competente la revisión de dichas medidas, para efecto de que, el juez de la causa, en los términos de los artículos 153 a 171 del Código Nacional de Procedimientos Penales, habiéndose dado vista a las partes, para que el Ministerio Público investigue y acredite lo conducente, y efectuada la audiencia correspondiente, el órgano jurisdiccional, tomando en consideración la evaluación del riesgo, resuelva sobre la imposición, revisión, sustitución, modificación o cese, en términos de las reglas de prisión preventiva del artículo 19 de la Constitución Política de los Estados Unidos Mexicanos, así como del Código Nacional de Procedimientos Penales. En caso de sustituir la medida cautelar, aplicará en lo conducente la vigilancia de la misma en términos de los artículos 176 a 182 del citado Código.

Sexto.- La Procuraduría General de la República propondrá al seno del Consejo Nacional de Seguridad Pública la consecución de los acuerdos que estime necesarios entre las autoridades de las entidades federativas y la federación en el marco de la Ley Federal para la Protección a Personas que Intervienen en el Procedimiento Penal.

Ciudad de México, a 15 de junio de 2016.- Sen. **Roberto Gil Zuarth**, Presidente.- Dip. **José de Jesús Zambrano Grijalva**, Presidente.- Sen. **Hilda Esthela Flores Escalera**, Secretaria.- Dip. **Verónica Delgadillo García**, Secretaria.- Rúbricas."

En cumplimiento de lo dispuesto por la fracción I del Artículo 89 de la Constitución Política de los Estados Unidos Mexicanos, y para su debida publicación y observancia, expido el presente Decreto en la Residencia del Poder Ejecutivo Federal, en la Ciudad de México, a dieciséis de junio de dos mil dieciséis.- **Enrique Peña Nieto**.- Rúbrica.- El Secretario de Gobernación, **Miguel Ángel Osorio Chong**.- Rúbrica.

DECRETO por el que se reforman diversas disposiciones de la Ley Reglamentaria del Artículo 5o. Constitucional relativo al ejercicio de las profesiones en el Distrito Federal, la Ley del Sistema Nacional de Información Estadística y Geográfica, la Ley General para Prevenir y Sancionar los Delitos en Materia de Secuestro, Reglamentaria de la fracción XXI del Artículo 73 de la Constitución Política de los Estados Unidos Mexicanos, la Ley General para Prevenir, Sancionar y Erradicar los Delitos en Materia de Trata de Personas y para la Protección y Asistencia a las Víctimas de estos Delitos, la Ley General en Materia de Delitos Electorales, la Ley General del Sistema de Medios de Impugnación en Materia Electoral, la Ley General de Educación, la Ley General del Servicio Profesional Docente, la Ley General de la Infraestructura Física Educativa, la Ley General de Bibliotecas, la Ley General de Contabilidad Gubernamental, la Ley General del Equilibrio Ecológico y la Protección al Ambiente, la Ley General de Desarrollo Forestal Sustentable, la Ley General de Vida Silvestre, la Ley General para la Prevención y Gestión Integral de los Residuos, la Ley General de Cambio Climático, la Ley General de Pesca y Acuacultura Sustentables, la Ley General de Bienes Nacionales, la Ley General de Protección Civil, la Ley General de Cultura Física y Deporte, la Ley General de Sociedades Cooperativas, la Ley Federal sobre Monumentos y Zonas Arqueológicos, Artísticos e Históricos, la Ley de Fomento para la Lectura y el Libro, y la Ley Federal de Archivos, en Materia de Reconocimiento de la Ciudad de México como entidad federativa, sustitución del nombre de Distrito Federal y

definición, en su caso, de las facultades concurrentes para las demarcaciones territoriales.

Publicado en el Diario Oficial de la Federación el 19 de enero de 2018

Artículo Tercero.- Se reforman los artículos 22 y 40 de la Ley General para Prevenir y Sancionar los Delitos en Materia de Secuestro, Reglamentaria de la fracción XXI del Artículo 73 de la Constitución Política de los Estados Unidos Mexicanos, para quedar como sigue:

....

Transitorio

Único.- El presente Decreto entrará en vigor al día siguiente de su publicación en el Diario Oficial de la Federación.

....

Ciudad de México, a 23 de noviembre de 2017.- Dip. **Jorge Carlos Ramírez Marín**, Presidente.- Sen. **Ernesto Cordero Arroyo**, Presidente.- Dip. **Andrés Fernández del Valle Laisequilla**, Secretario.- Sen. **Juan G. Flores Ramírez**, Secretario.- Rúbricas."

En cumplimiento de lo dispuesto por la fracción I del Artículo 89 de la Constitución Política de los Estados Unidos Mexicanos, y para su debida publicación y observancia, expido el presente Decreto en la Residencia del Poder Ejecutivo Federal, en la Ciudad de México, a ocho de enero de dos mil dieciocho.- **Enrique Peña Nieto**.- Rúbrica.- El Secretario de Gobernación, **Miguel Ángel Osorio Chong**.- Rúbrica.

DECRETO por el que se expide la Ley de la Fiscalía General de la República, se abroga la Ley Orgánica de la Fiscalía General de la República y se reforman, adicionan y derogan diversas disposiciones de distintos ordenamientos legales.

Publicado en el Diario Oficial de la Federación el 20 de mayo de 2021

Artículo Décimo Tercero.- Se reforma el párrafo primero del artículo 29; la fracción I, del artículo 38; el párrafo primero del artículo 39; el párrafo primero del artículo 40; el artículo 41; y la fracción X del artículo 43; de la Ley General para Prevenir y Sancionar los Delitos en Materia de Secuestro, Reglamentaria de la Fracción XXI del Artículo 73 de la Constitución Política de los Estados Unidos Mexicanos, para quedar como sigue:

………..

Transitorios

Primero. El presente Decreto entrará en vigor al día siguiente de su publicación en el Diario Oficial de la Federación y se expide en cumplimento al artículo Décimo Tercero transitorio del Decreto por el que se expidió la Ley Orgánica de la Fiscalía General de la República.

Segundo. Se abroga la Ley Orgánica de la Fiscalía General de la República.

Todas las referencias normativas a la Procuraduría General de la República o del Procurador General de la República, se entenderán referidas a la Fiscalía General de la República o a su persona titular, respectivamente, en los términos de sus funciones constitucionales vigentes.

Tercero. Las designaciones, nombramientos y procesos en curso para designación, realizados de conformidad con las disposiciones constitucionales y legales, relativos a la persona titular de la Fiscalía General de la República, las Fiscalías Especializadas, el Órgano Interno de Control y las demás personas titulares de las unidades administrativas, órganos desconcentrados y órganos que se encuentren en el ámbito de la Fiscalía General de la República, así como de las personas integrantes del Consejo Ciudadano de la Fiscalía General de la República, continuarán vigentes por el periodo para el cual fueron designados o hasta la conclusión en el ejercicio de la función o, en su caso, hasta la terminación del proceso pendiente.

Cuarto. La persona titular de la Fiscalía General de la República contará con un término de noventa días naturales siguientes a la entrada en vigor del presente Decreto, para expedir el Estatuto orgánico de la Fiscalía General de la República y de ciento ochenta días naturales, contados a partir de la expedición de éste, para expedir el Estatuto del Servicio Profesional de Carrera.

En tanto se expiden los Estatutos y normatividad, continuarán aplicándose las normas y actos jurídicos que se han venido aplicando, en lo que no se opongan al presente Decreto.

Los instrumentos jurídicos, convenios, acuerdos interinstitucionales, contratos o actos equivalentes, celebrados o emitidos por la Procuraduría General de la República o la Fiscalía General de la República se entenderán como vigentes y obligarán en sus términos a la Institución, en lo que no se opongan al presente Decreto, sin perjuicio del derecho de las partes a ratificarlos, modificarlos o rescindirlos posteriormente o, en su caso, de ser derogados o abrogados.

Quinto. A partir de la entrada en vigor de este Decreto quedará desincorporado de la Administración Pública Federal el organismo descentralizado denominado Instituto Nacional de Ciencias Penales que pasará a ser un órgano con personalidad jurídica y patrimonio propio, que gozará de autonomía técnica y de gestión, dentro del ámbito de la Fiscalía General de la República.

Las personas servidoras públicas que en ese momento se encuentren prestando sus servicios para el Instituto Nacional de Ciencias Penales tendrán derecho a participar en el proceso de evaluación para transitar al servicio profesional de carrera.

Para acceder al servicio profesional de carrera, el personal que deseé continuar prestando sus servicios al Instituto Nacional de Ciencias Penales deberá sujetarse al proceso de evaluación según disponga el Estatuto del Servicio Profesional de Carrera, dándose por terminada aquella relación con aquellos servidores públicos que no se sometan o no acrediten el proceso de evaluación.

El Instituto Nacional de Ciencias Penales deberá terminar sus relaciones laborales con sus personas trabajadoras una vez que se instale el servicio profesional de carrera, conforme al programa de liquidación del personal que autorice la Junta de Gobierno, hasta que esto no suceda, las relaciones laborales subsistirán.

A la entrada en vigor de este Decreto, las personas integrantes de la Junta de Gobierno del Instituto Nacional de Ciencias Penales pertenecientes a la Administración Pública Federal dejarán el cargo, y sus lugares serán ocupados por las personas que determine la persona titular de la Fiscalía General de la República.

Dentro de los sesenta días naturales siguientes a la entrada en vigor de este Decreto, la Junta de Gobierno emitirá un nuevo Estatuto orgánico y establecerá un servicio profesional de carrera, así como un programa de liquidación del personal que, por cualquier causa, no transite al servicio profesional de carrera que se instale.

Los recursos materiales, financieros y presupuestales, incluyendo los bienes muebles, con los que cuente el Instituto a la entrada en vigor del presente Decreto, pasarán al Instituto Nacional de Ciencias Penales de la Fiscalía General de la República conforme al Décimo Primero Transitorio del presente Decreto.

Sexto. El conocimiento y resolución de los asuntos que se encuentren en trámite a la entrada en vigor del presente Decreto o que se inicien con posterioridad a éste, corresponderá a las unidades competentes, en términos de la normatividad aplicable o a aquellas que de conformidad con las atribuciones que les otorga el presente Decreto, asuman su conocimiento, hasta en tanto se expiden los Estatutos y demás normatividad derivada del presente Decreto.

Séptimo. El personal que a la fecha de entrada en vigor del presente Decreto tenga nombramiento o Formato Único de Personal expedido por la entonces Procuraduría General de la República, conservará los derechos que haya adquirido en virtud de su calidad de persona servidora pública, con independencia de la denominación que corresponda a sus actividades o naturaleza de la plaza que ocupe. Para acceder al servicio profesional de carrera el personal que deseé continuar prestando sus servicios con la Fiscalía General de la República deberá sujetarse al proceso de evaluación según disponga el Estatuto del servicio profesional de carrera. Se dará por terminada aquella relación con aquellas personas servidoras públicas que no se sometan o no acrediten el proceso de evaluación.

El personal contratado por la Fiscalía General de la República se sujetará a la vigencia de su nombramiento, de conformidad con los Lineamientos L/001/19 y L/003/19, por los que se regula la contratación del personal de transición, así como al personal adscrito a la entonces Procuraduría General de la República que continúa en la Fiscalía General de la República, así como para el personal de transición.

Octavo. Las personas servidoras públicas que cuenten con nombramiento o Formato Único de Personal expedido por la entonces Procuraduría General de la República a la fecha de entrada en vigor de este Decreto y que, por cualquier causa, no transiten al servicio profesional de carrera deberán adherirse a los programas de liquidación que para tales efectos se expidan.

Noveno. La persona titular de la Oficialía Mayor contará con el plazo de noventa días naturales para constituir el Fideicomiso denominado "Fondo para el Mejoramiento de la Procuración de Justicia" o modificar el objeto de cualquier instrumento jurídico ya existente de naturaleza igual, similar o análoga.

Décimo. La persona titular de la Oficialía Mayor emitirá los lineamientos para la transferencia de recursos humanos, materiales, financieros o presupuestales, incluyendo los muebles, con los que cuente la Fiscalía General de la República en el momento de la entrada en vigor de este Decreto, así como para la liquidación de pasivos y demás obligaciones que se encuentren pendientes respecto de la extinción de la Procuraduría General de la República.

Queda sin efectos el Plan Estratégico de Transición establecido en el artículo Noveno transitorio de la Ley Orgánica de la Fiscalía General de la República que se abroga a través del presente Decreto.

Décimo Primero. Los bienes inmuebles que sean propiedad de la Fiscalía General de la República, o de los órganos que se encuentren dentro su ámbito o de la Federación que, a la fecha de entrada en vigor del presente Decreto se encuentren dados en asignación o destino a la Fiscalía General de la República, pasarán a formar parte de su patrimonio.

Los bienes muebles y demás recursos materiales, financieros o presupuestales, que hayan sido asignados o destinados, a la Fiscalía General de la República pasarán a formar parte de su patrimonio a la entrada en vigor del presente Decreto.

Décimo Segundo. La persona titular de la Fiscalía General de la República contará con un plazo de un año a partir de la publicación del presente Decreto para emitir el Plan Estratégico de Procuración de Justicia de la Fiscalía General de la República, con el que se conducirá la labor sustantiva de la Institución conforme a la obligación a que refiere el artículo 88 del presente Decreto. Mismo que deberá ser presentado por la persona titular de la Fiscalía General de la República en términos del párrafo tercero del artículo 88 del presente Decreto.

El Plan Estratégico de Procuración de Justicia se presentará ante el Senado de la República, durante el segundo periodo ordinario de sesiones, en su caso, seis meses después de la entrada en vigor del presente Decreto.

Para la emisión del Plan Estratégico de Procuración de Justicia, la Fiscalía General de la República contará con la opinión del Consejo Ciudadano. La falta de instalación de dicho Consejo Ciudadano no impedirá la presentación del Plan Estratégico de Procuración de Justicia.

Décimo Tercero. Las unidades administrativas de la Fiscalía General de la República que a la fecha de entrada en vigor del presente Decreto se encargan de los procedimientos relativos a las responsabilidades administrativas de las personas servidoras públicas de la Fiscalía General de la República, tendrán el plazo de noventa días naturales para remitirlos al Órgano Interno de Control, para que se encargue de su conocimiento y resolución, atendiendo a la competencia que se prevé en el presente Decreto.

Décimo Cuarto. Por lo que hace a la fiscalización del Instituto Nacional de Ciencias Penales, corresponderá al Órgano Interno de Control de la Fiscalía General de la República, a la entrada en vigor del presente Decreto, sin perjuicio de las atribuciones que correspondan a la Auditoría Superior de la Federación.

Los expedientes iniciados y pendientes de trámite a la entrada en vigor del presente Decreto, serán resueltos por la Secretaría de la Función Pública.

Por cuanto hace a la estructura orgánica, así como a los recursos materiales, financieros o presupuestales del Órgano Interno de Control en el Instituto Nacional de Ciencias Penales, pasarán al Órgano Interno de Control de la Fiscalía General de la República.

Décimo Quinto. Los bienes que hayan sido asegurados por la Procuraduría General de la República o Fiscalía General de la República, con anterioridad a la entrada en vigor de este Decreto, que sean susceptibles de administración o se determine su destino legal, se pondrán a disposición del Instituto para Devolver al Pueblo lo Robado, conforme a la legislación aplicable.

Décimo Sexto. Quedan derogadas todas las disposiciones que se opongan a este Decreto.

Ciudad de México, a 29 de abril de 2021.- Dip. **Dulce María Sauri Riancho**, Presidenta.- Sen. **Oscar Eduardo Ramírez Aguilar**, Presidente.- Dip. **Lizbeth Mata Lozano**, Secretaria.- Sen. **María Merced González González**, Secretaria.- Rúbricas."

En cumplimiento de lo dispuesto por la fracción I del Artículo 89 de la Constitución Política de los Estados Unidos Mexicanos, y para su debida publicación y observancia, expido el presente Decreto en la Residencia del Poder Ejecutivo Federal, en la

Ciudad de México, a 18 de mayo de 2021.- **Andrés Manuel López Obrador**.- Rúbrica.- La Secretaria de Gobernación, Dra. **Olga María del Carmen Sánchez Cordero Dávila**.- Rúbrica.

Made in the USA
Monee, IL
27 July 2021